京つけもの 西利のおいしいレシピ

京つけもの 西利

淡交社

日本の風土が育んだ
和食と発酵文化

周囲を海に囲まれ、国土の75%を山地が占め、温暖湿潤な気候風土に恵まれた日本という国。豊かな自然は、海から、里から、山から、四季折々に様々な恵みを私たちにもたらしてくれます。こうした独自の環境の中で、日本人は自然を敬い、その恵みに感謝する心を育み、それが日本独自の食文化である「和食」の土台になっています。

自然を敬う心は、食事の作法やしきたりを生み、恵みに感謝する心が食材を無駄なく大切に使う加工技術や調理法を生み出しました。また、海外の作物や食具も上手に取り入れ、日本独自の食文化を発展させてきました。「和食」とは、自然を敬う日本人の心が育んだ食の知恵、工夫、習慣のすべてを含んだものだと言えます。

日本人の伝統的な食文化である「和食」は、2013年にユネスコ無形文化遺産に登録されました。中でも、日本の食文化の発展と切っても切れないのが、「発酵」です。

醤油や味噌といった基礎調味料から、日本全国で造られる酒から漬物まで、様々な形でその技術が活用されてきました。しかし、あまりにも身近であるがゆえに、発酵の仕組みや利用法、日本の食文化との関わりといったことはよくわからないという人も多いのではないでしょうか。

日本の家庭の食卓には、昔から味噌汁や納豆、梅干、漬物などが並んでいました。昔の漬物は乳酸発酵による発酵食品であり、私たちは健康のことなどとくに意識せず、ごく自然に乳酸菌を摂っていました。摂れていました、というべきでしょうか。代々伝わる糠床を大切にされていたご家庭もあるでしょう。ところが、多忙な現代人の食生活ではそういったものはそぎ落とされ、食の洋風化も手伝って、日本古来の食生活が変化してきました。

最近になってようやく健康維持の大切さが見直され、食生活を豊かにすることに注目が集まっています。

西利は伝統産品である京漬物を製造するお店として始まりましたが、古きよき和食文化を守りつつ、豊かな食の文化を未来へつないでいきたいと考えています。まずは、それぞれの風土に応じた食を摂ることが健康への近道であると考え、特に漬物の発酵食品としての役割を大切にしながら、その製造を続ける中で得た知見と技術を様々な形にして食卓に提供していこうとしています。

旬の野菜をいかにおいしく食べていただくか、という京漬物づくりの原点を大切にし、伝統の継承と新しさの創造をテーマとした核となるブランドの「京つけもの西利」。

京都の風土が育んだ食文化を守り伝えることを大切に、古来の発酵の技を活かし、和食支援として"ごはんがおいしい"を求めたブランド「酵房西利」。

野菜と発酵のちからで毎日の食生活を楽しく健やかにする、乳酸菌グロサリーブランド「発酵生活」。

お米と麹でつくった「甘麹」をラブレ乳酸菌で発酵させた「乳酸発酵甘麹 AMACO」を活用したパンとスイーツブランド「AMACO」。

これら４つのブランドを、"和の提案"の柱となる「京つけもの西利」と「酵房西利」、"洋の提案"をする「発酵生活」と「AMACO」といった大きく２つのカテゴリーにわけ、これらの商品を使って様々な活用レシピをお伝えすることで少しでも皆様方の食卓が楽しく、健康的で彩りあるものになることを期待しております。

西利は、「**旬おいしく、やさしく。**」のテーマのもと、これからも皆様の食卓に健康と笑顔をお届けしてまいります。

野鳥が木の実をついばむように、
牛が牧草をおいしそうに食べるように。
生き物にはそれぞれ、
その体を育むのに適した食べ物があります。

私たち日本人が、
健康で美しく生きるための力の源。
それは、「日本のごはん」。

思い出してください。
水のきれいなこの国で、
ふかふかの土で育った野菜を
天然塩や昆布、魚のだしといった、
自然な料理法で食べていた、
あの健やかな食の時代を。

健康と美しさはひとつ。
美しさと幸せもひとつ。

いま私たちが何を食べるべきなのかを
しっかり伝えてまいります。

京つけもの西利ファーム（聖護院かぶらの畑）

[CONTENTS]

本書に記載のレシピにおいての火加減は、とくに記載のない場合は中火とします。
また、材料に記載の分量は、写真の料理の分量と必ずしも一致しません。

本書で使用する西利の食材

京つけもの

西利

千枚漬

かんながけ
赤かぶら

すぐき

しば漬

京のあっさり漬
白菜

京のあっさり漬
茄子

京のあっさり漬
四葉胡瓜

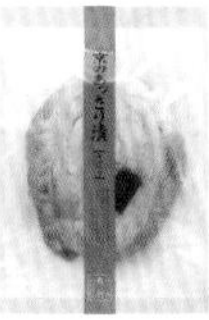

京のあっさり漬
キャベツ

京のあっさり漬
日野菜

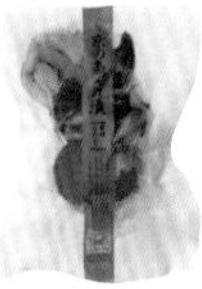

京のあっさり漬
葉付き赤かぶら

みぶ菜

みぶ菜きざみ

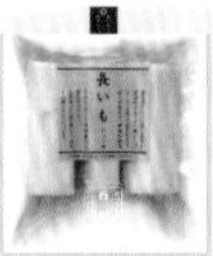

長いもしょうゆ

長いもわさび

筍山椒

ゆず白菜

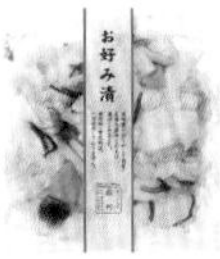

お好み漬

味すぐき

はりはり漬

山里の香り

ゆかりむらさき

西利のトマト

新みょうが

さくらの花漬

ラブレ糠漬
四葉胡瓜
(じっくりタイプ)

ラブレ糠漬
人参

ラブレ糠漬
白菜

ラブレ糠漬
茄子

ラブレ糠漬
キャベツ

ラブレ
しょうが

酵房西利

奈良漬
クリームチーズ
黒胡椒

発酵生活 AMACO

乳酸発酵甘麹
AMACO

乳酸菌ラブレ
ディップソース
味噌マヨマヨ

乳酸菌ラブレ
ディップソース
タプナード

乳酸菌ラブレ
ディップソース
ぬか床タルタル

乳酸菌ラブレ
ディップソース
なすのそぼろ

乳酸菌ラブレ
ディップソース
へしこソース

乳酸菌ラブレ
ドレッシング
にんじん

1

おつまみとサラダ

OTSUMAMI & SALAD

京のあっさり漬
葉付き赤かぶら

漬物

葉付き赤かぶらとオレンジのマリネ

赤かぶらの旨味と、オレンジの酸味が絶妙に合います。
しっかりと味のついた赤かぶらの葉がアクセントに。
ちょっとしたアレンジで、見た目も華やかなサラダのできあがりです。

[材料] 2 人分

京のあっさり漬 葉付き赤かぶら … 1/4 袋
京のあっさり漬 葉付き赤かぶらの漬汁 … 全量
オレンジ … 1/2 個
ブラックオリーブ … 適量
オリーブオイル … 適量
ベビーリーフ（飾り用）… 適宜

[作り方]

1 オレンジは皮をむいて薄くスライスし、いちょう切りにする。京のあっさり漬 葉付き赤かぶらのかぶの部分は、オレンジの幅と大きさを揃えて扇形に切る。

2 葉付き赤かぶらの葉の部分は、細かく刻む。

3 ブラックオリーブは輪切りにする。

4 ボウルに 1、2、3 を入れ、葉付き赤かぶらの漬汁を加えて和え、器に盛る。

5 ベビーリーフを添え、オリーブオイルをかける。

京のあっさり漬
四葉胡瓜

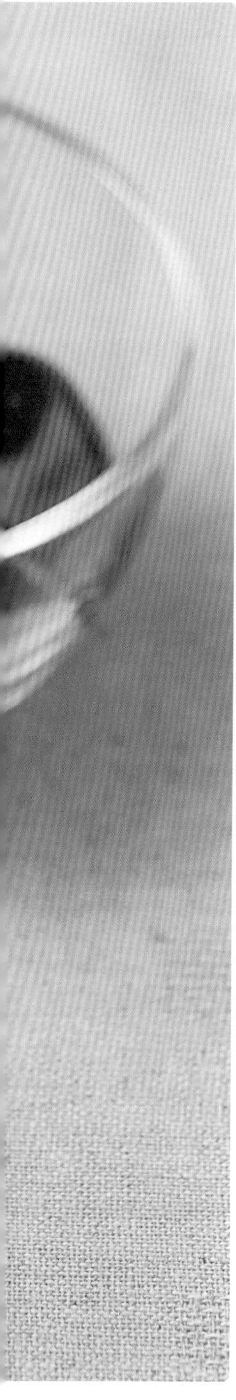

漬物

四葉《すうよう》胡瓜とトマトのサラダ

お漬物に最適な昔ながらの胡瓜、
四葉胡瓜を使った簡単レシピです。
トマトと和えるだけでぱぱっと
さわやかなサラダに。

[材料] 2人分

京のあっさり漬 四葉胡瓜 … 1本
京のあっさり漬 四葉胡瓜の漬汁 … 適量
ミニトマト … 6個
ブロッコリースプラウト … 適量

[作り方]

1 ミニトマトはへたを取って半分に切る。

2 京のあっさり漬 四葉胡瓜は1と大きさを揃えて切る。

3 ボウルに1と2を入れて混ぜ、四葉胡瓜の漬汁を加えて和える。

4 器に盛ってブロッコリースプラウトを添える。

漬物

西利のトマトとモッツァレラチーズ

ほんのり甘い西利のトマトには、旨味がギュッとつまっています。
モッツァレラチーズと合わせて、ワインや日本酒などさっぱりとしたお酒のあてに。

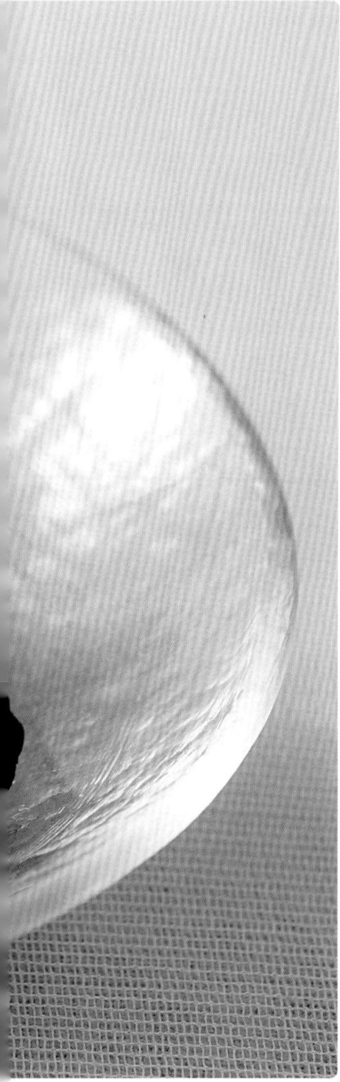

[材料] 1人分

西利のトマト … 1個
モッツァレラチーズ（一口サイズ）… 適量
ブラックオリーブ … 適量
バジル（飾り用）… 適宜

[作り方]

1　ブラックオリーブは輪切りにする。

2　器に1とモッツァレラチーズ、西利のトマトを盛り付ける。

3　バジルを添える。

長いもわさび

漬物

長いもわさびとマグロ、アボカドのカップサラダ

濃厚なアボカドと、シャキシャキとした長いもの食感が楽しいカラフルなサラダ。
長いもわさびのツンとくる味がちょっぴり大人な一品です。
レモンをしぼるとマイルドな味わいに。
お好みで醤油やオリーブオイルをかけていただくのもおすすめです。

[材料] 1人分

長いもわさび … 1/2 切
長いもわさびの漬汁 … 小さじ 1
マグロ（柵）… 50g
アボカド … 1/2 個
青ねぎ … 適量
レモン汁 … 小さじ 1
レモン（くし切り）… 1 切

[作り方]

1 アボカドは皮を破かないように中身をくり抜き、取り出した果肉を約 2cm の角切りにする。

2 長いもわさび、マグロはそれぞれ約 2cm の角切りにする。

3 青ねぎは小口切りにする。

4 ボウルに 1、2 を入れ、長いもわさびの漬汁、レモン汁を加えて和える。

5 くり抜いたアボカドの皮に 4 を盛り付け、3 の青ねぎを散らしてレモンを添える。

漬物

ロール千枚（スモークサーモンとロースハム）

上品で繊細な旨味、聖護院かぶらの持ち味を生かした千枚漬のロールです。
スモークサーモンは、お酒がすすむ味わいに。
ロースハムは、やさしくまろやかな味わいに。

［材料］2 人分

千枚漬 … 4 枚
スモークサーモン … 4 枚
ロースハム … 2 枚
いくら … 適量

［作り方］

1　千枚漬をひろげ、中央にスモークサーモン 2 枚を横向きに隙間なくひろげる。同様にもう一つ作る。

2　千枚漬をひろげ、中央にロースハムを 1 枚ひろげる。同様にもう一つ作る。

3　1、2 を手前からくるくるとしっかりと巻く。

4　両端を切り落とし、2 ～ 4 等分の食べやすい大きさに切る。

5　切り口を上に向けて器に盛り付け、いくらを散らす。

漬物

はりはり漬のさっぱり和え

はりはり漬のカリカリ食感が楽しめる鶏むね肉ときゅうりのさっぱりとした和え物。
割干し大根に昆布、一味を加えて漬け込んだはりはり漬は、風味豊かな味わいです。

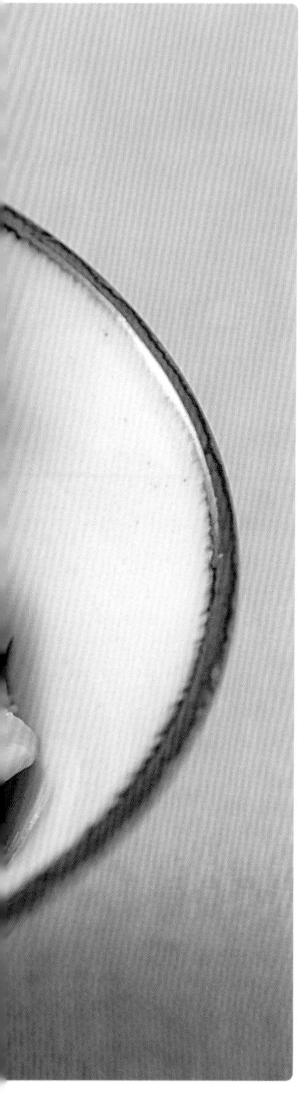

［材料］2人分

はりはり漬 … 1/2袋
はりはり漬の漬汁 … 全量
鶏むね肉 … 140g
きゅうり … 1/2本
白ごま … 適量
大葉 … 1枚
塩 … 大さじ1/2
砂糖 … 大さじ1/2
ごま油 … 大さじ1/2

［作り方］

1 鍋に鶏肉が完全に浸かる量の水と塩、砂糖を入れて火にかける。沸騰したら鶏肉を入れ、再び沸騰したら蓋をして火を止め、そのまま30分置く。

2 はりはり漬をせん切りにする。（しっかり食感を楽しみたい方は、せん切りにせずそのままで）きゅうりは縦に薄く切った後、斜めにせん切りにする。

3 1の粗熱が取れれば、鍋から取り出して水気を切り、手でほぐす。

4 ボウルに2、3を入れ、はりはり漬の漬汁、ごま油を加えて和える。

5 器に盛り付け、白ごまをふって大葉を添える。

乳酸菌ラブレ
ディップソース
ぬか床タルタル

バリエーション

ぬか床タルタルのポテサラ

ほくほくしたじゃがいもとぬか床タルタルのやさしい味わい。
くせのないぬか床の香りが、ほのかに口の中にひろがります。

［材料］2人分

じゃがいも（男爵）… 2個
きゅうり … 1/4本
ハーフベーコン … 1袋（約35g）
ぬか床タルタル … 1/2瓶
パセリ … 適量
塩 … 少量
オリーブオイル … 小さじ1

［作り方］

1 じゃがいもは芽を取り除いて一口大に、ベーコンは約1cm幅に切る。

2 鍋にじゃがいもと、じゃがいもが浸かる量の水と少量の塩を入れて火にかけ、中心に火が通るまで茹でる。

3 フライパンにオリーブオイルをひいて熱し、ベーコンがきつね色になるまで弱火でじっくり焼く。

4 きゅうりは輪切りにして少量の塩でもみ、5分ほど置いて水分をしっかりしぼる。パセリはみじん切りにする。

5 じゃがいもが茹であがったら茹で汁を捨てて再度火にかけ、鍋をゆすりながら水分を飛ばす。

6 ボウルに5を入れて軽く潰し、3、4とぬか床タルタルを加えて混ぜる。

7 器に盛り、パセリを散らす。

奈良漬
クリームチーズ
黒胡椒

バリエーション

おつまみポテトサラダ

奈良漬の風味を楽しめるクリームチーズのポテトサラダはお酒のおつまみにぴったり。
黒胡椒を効かせた大人の味わいです。

［材料］2人分

じゃがいも（男爵）… 2個
ブロックベーコン … 120g
卵（Sサイズ）… 1個
A　奈良漬クリームチーズ 黒胡椒 … 小さじ2
　　マヨネーズ … 大さじ6
　　※じゃがいもの大きさに合わせて量を調節
塩 … 適量
ブラックペッパー … 適量
オリーブオイル … 小さじ1

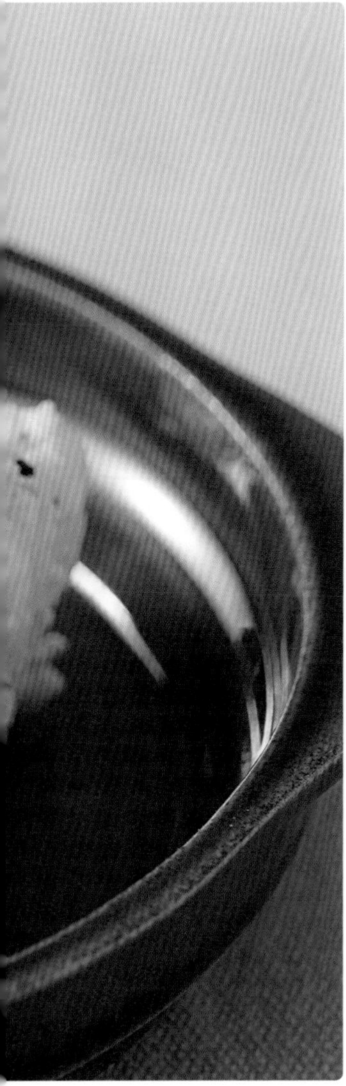

［作り方］

1　じゃがいもは芽を取り除き、一口大に大きさを揃えて切る。

2　ブロックベーコンは縦半分に切った後、約5mmの厚さに切る。

3　大きめのボウルにAを入れ、混ぜ合わせておく。

4　鍋にじゃがいもと、じゃがいもが浸かる量の水と少量の塩を入れて火にかけ、中心に火が通るまで茹でる。

5　じゃがいもを茹でている間に、フライパンにオリーブオイルをひいて熱し、2を入れてベーコンがきつね色になるまで弱火でじっくり焼く。

6　じゃがいもが茹であがったら茹で汁を捨てて再度火にかけ、鍋をゆすりながら水分を飛ばす。ボウルに入れて、軽く潰す。

7　3のボウルに5（脂も）と6を加える。

8　5のフライパンに卵を溶いて入れ、スクランブルエッグにして7に加えて混ぜる。

9　塩で調味し、器に盛り付けてブラックペッパーをふる。

乳酸菌ラブレ
ディップソース
タプナード

バリエーション

タコとタプナードのマカロニサラダ

具材を茹でて、タプナードと和えるだけの、味も見た目も楽しいサラダが簡単にできます。
ブラックオリーブとニンニクの風味がアクセントに。

[材料] 2人分

マカロニ（フジッリ）… 20g
ブロッコリー … 80g
タコ（茹でたもの）… 50g
ブラックオリーブ … 25g
タプナード … 1/2瓶
塩 … 少量

[作り方]

1 ブロッコリーは一口大に切る。タコは食べやすい大きさ、ブラックオリーブは輪切りにする。

2 鍋に湯を沸かして少量の塩を入れ、沸騰したらマカロニ、ブロッコリーを入れて茹で、水気を切る。

3 ボウルに2とタコ、ブラックオリーブを入れ、タプナードと和える。

京のあっさり漬
キャベツ

漬物

キャベツとツナマヨのカナッペ（ミニトマトとオイルサーディン）

具材をバゲットの上にのせるだけの時短レシピ。
しっかりと味のついたお漬物のキャベツはサラダ感覚でそのまま食べられます。
ビールやワインのおともに。おもてなし料理の一品に。

［材料］1 人分

- バゲット（スライス）… 2 枚
- 京のあっさり漬 キャベツ … バゲットにのる量
- ツナマヨ
  - ツナ缶 … 1/2 缶
  - マヨネーズ … 大さじ 2
  - マスタード … 小さじ 1/2
- ミニトマト … 1/2 個
- パセリ … 適量
- オイルサーディン … 2 匹
- イタリアンパセリ … 適量
- パセリ … 適宜
- ベビーリーフ（飾り用）… 適宜

［作り方］

1. バゲット 2 枚を、オーブントースターで軽く焼く。
2. 京のあっさり漬 キャベツは約 1cm 幅に切り、ミニトマトは輪切りにする。
3. ツナマヨの材料をボウルに入れ、混ぜ合わせる。
4. 2 枚のバゲットに 3 を半量ずつのせる。
5. 4 の 1 枚に、キャベツをのせ、その上にオイルサーディン、イタリアンパセリをのせる。
6. 4 のもう 1 枚に、キャベツをのせ、ミニトマト、パセリをのせる。
7. 5、6 を皿に盛り、ベビーリーフを添える。

長いもしょうゆ

ラブレ糠漬
四葉胡瓜
(じっくりタイプ)

ラブレ糠漬
人参

ラブレ糠漬
キャベツ

漬物　発酵漬物

ラブレ糠漬の湯葉揚げ

揚げたてを口に入れた瞬間、糠漬とチーズの風味が
ふわっと口いっぱいにひろがります。
揚げ湯葉とお漬物のホクホクとした食感も楽しめます。

[材料] 2人分

生湯葉（長方形もしくは
正方形にひろげられるもの）… 4 枚
ラブレ糠漬 四葉胡瓜（じっくりタイプ）… 1/3 本
ラブレ糠漬 人参 … 1/3 袋
ラブレ糠漬 キャベツ … 1/3 袋
長いもしょうゆ … 1/2 切
とろけるチーズ（シュレッドタイプ）… お好みの量
小麦粉 … 適量
水 … 適量
揚げ油 … 適量

[作り方]

1　ラブレ糠漬 四葉《すうよう》胡瓜・人参・キャベツと長いもしょうゆは、湯葉の幅より、ひと回り短い長さのせん切りにする。

2　生湯葉をひろげ、その上に1の四葉胡瓜、人参、長いもしょうゆを２～３本と、キャベツ、とろけるチーズを重ね置く。手前からひと巻きし、左右の端の余っている湯葉を内側へ折り込んで巻き、小麦粉を水で溶いて綴じ目に塗り、はがれないようにとめる。

3　180℃の油で、きつね色になるまで揚げる。

ラブレ糠漬
茄子

発酵漬物

糠漬茄子の素揚げ トマトソース和え

糠漬の風味を楽しむことができる一品です。
糠漬茄子は、さっぱりとしたトマトソースとの相性も抜群。

［材料］2人分

ラブレ糠漬 茄子 … 3個
トマトソース
　トマト … 1個
　玉ねぎ … 1/4個
　ニンニク … 1/2片
　塩 … 適量
　胡椒 … 適量
オリーブオイル … 小さじ1
サラダ油 … 適量

［作り方］

1　ラブレ糠漬 茄子は糠を洗い、約1cm幅の輪切りにしてクッキングペーパーで水気を切る。

2　ニンニクと玉ねぎはみじん切りに、トマトは粗みじん切りにする。

3　フライパンにオリーブオイルをひいて熱し、ニンニクを弱火で炒める。こんがりと色がついてきたら、玉ねぎと少量の塩を入れ、玉ねぎが黄色くなるまで火を入れ、トマトを加えて塩、胡椒で調味し、トマトソースを作る。

4　別のフライパンに多めのサラダ油をひいて熱し、1を揚げ焼きにする。

5　3と4を和え、器に盛る。

さくらの花漬

漬物

豚肉の桜チーズ巻き

できたてを食べると、とろとろのチーズと桜の香りが口いっぱいにひろがります。
春のお弁当のおかずにもぴったりな一品です。

[材料] 5つ分

豚ロース肉（薄切り）… 10枚（約100g）
さくらの花漬 … 12輪（4輪は盛り付け用）
クリームチーズ … 80g
みりん … 大さじ1
サラダ油 … 小さじ1
大葉（飾り用）… 1枚

[下準備]

・クリームチーズは室温に戻しておく。
・さくらの花漬は5分間水につけ、塩抜きをする。途中で2、3回水を変える。

[作り方]

1 塩抜きしたさくらの花漬の水気を切り、8輪をみじん切りにする。

2 1とクリームチーズを混ぜ合わせる。

3 豚肉2枚を1cm程度重ねてひろげ、2を大さじ1程度とって豚肉の上（手前の方）に置き、手前から巻いていく。これを5つ作る。

4 フライパンにサラダ油をひいて熱し、みりんと3を巻き終わりを下にして入れ、転がしながら焼く。

5 皿に大葉を敷き、4を盛り付けてさくらの花漬をのせる。

京のあっさり漬
四葉胡瓜

ラブレ
しょうが

漬物

ラブレしょうがと
あっさり胡瓜の豚バラ巻き

焼いてもおいしい胡瓜を豚バラで巻きました。さわやかなラブレ しょうがの風味は食欲をそそります。おかずにも、お酒のおつまみにもよく合います。

[材料] 2人分

豚バラ肉（薄切り）… 60g
京のあっさり漬 四葉胡瓜 … 2本
ラブレ しょうが … 2個
ミニトマト … 2個
サラダ油 … 小さじ1
ベビーリーフ（飾り用）… 適宜

[作り方]

1 ラブレ しょうがは豚バラ巻きにのせる分を薄くスライスし、残りは細かく刻む。ミニトマトはへたを取り、食べやすい大きさに切る。

2 京のあっさり漬 四葉《すうよう》胡瓜の長さに揃えて豚肉を1cm程度重ねてひろげ、胡瓜を豚肉の上に置いて巻く。同様にもう一つ作る。

3 フライパンにサラダ油をひいて熱し、2の巻き終わりを下にして入れ、転がしながら焼く。

4 3を食べやすい大きさに切って皿に盛り、薄くスライスしたしょうがをのせ、刻んだしょうがを添える。

5 ミニトマト、ベビーリーフを添える。

西利が
すすめる

お酒に合うお漬物

千枚漬、京のあっさり漬 大根、たまねぎ、３種のごま大根、
和だしピクルス春・秋・冬

2

メインのごちそう

MAIN DISH

漬物

筍山椒と牛肉炒め

牛肉の炒め物に香り豊かな筍山椒を合わせて。
牛肉の旨味にぴりりとした味わいを加え、さっぱりとした春の炒め物のできあがり。

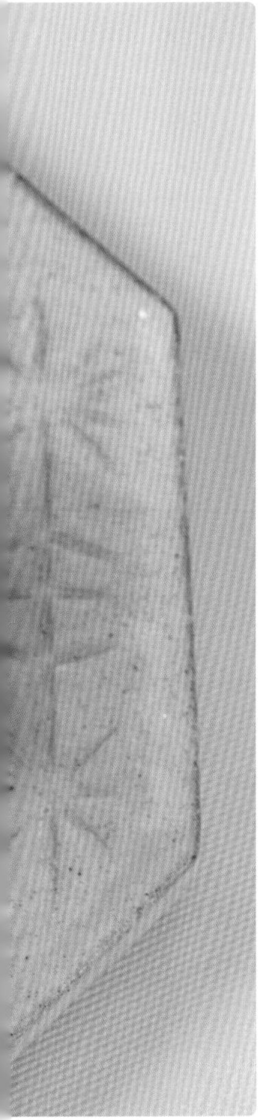

[材料] 2人分

筍山椒 … 1袋
牛赤身肉（薄切り）… 200g
サラダ油 … 大さじ1
大葉（飾り用）… 1枚

[作り方]

1 フライパンにサラダ油をひいて熱し、牛肉を炒める。

2 火を止め、筍山椒を汁ごと加えて余熱で混ぜ合わせる。

3 皿に大葉を敷き、2 を盛り付ける。

ラブレ糠漬
四葉胡瓜
(じっくりタイプ)

発酵漬物

胡瓜の糠漬入りトマトのすき焼き

古漬胡瓜の酸味とトマトの旨味が楽しめるすき焼き。
残ったおつゆで作る卵かけご飯も最高です。

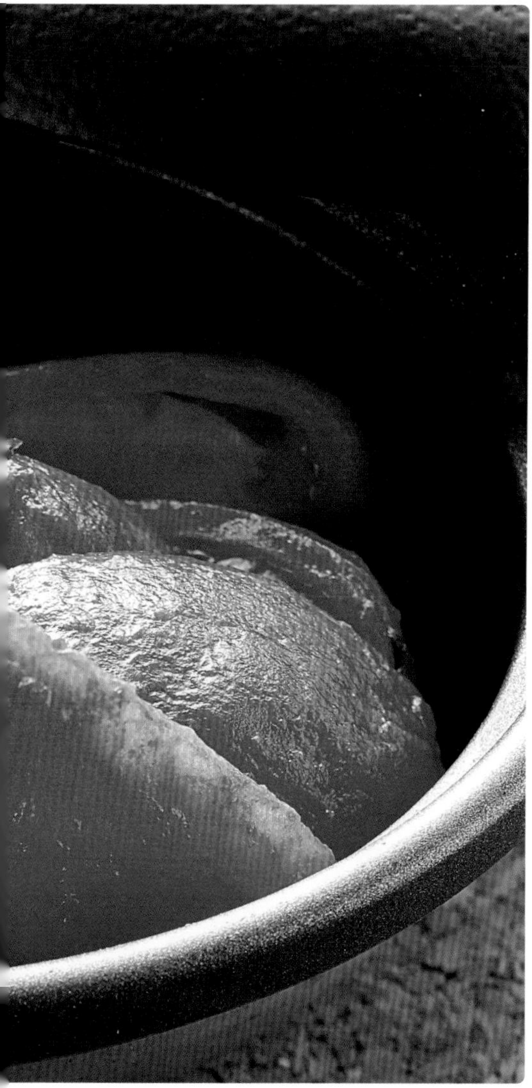

［材料］２人分

ラブレ糠漬 四葉胡瓜（じっくりタイプ）
…１本
トマト …１個
牛ロース肉（薄切り）… 100g
九条ねぎ（または青ねぎ）… 適量
砂糖 … 大さじ２
醤油 … 大さじ２

［作り方］

1 トマトは湯むきして、4～6等分に切る。

2 ラブレ糠漬 四葉《すうよう》胡瓜と九条ねぎは斜め切りにする。

3 鍋に1、四葉胡瓜、牛肉を入れ、砂糖と醤油を加えて蓋をし、火にかける。

4 牛肉に火が通ったら九条ねぎを入れ、ねぎに火が通ったら火を止める。

ゆず白菜

漬物

ゆず白菜と豚の冷しゃぶ

ゆずの香りが食欲をそそる、
白菜のお漬物と豚しゃぶを合わせたさっぱりメニューです。

[材料] 2人分

ゆず白菜 … 2/5袋
豚肉(しゃぶしゃぶ用) … 200g
生野菜 … 適量

[作り方]

1 鍋に湯を沸かし、しゃぶしゃぶの要領で豚肉に火を通す。冷水にとって冷まし、水気を切る。

2 ゆず白菜を食べやすい大きさに切る。

3 生野菜と一緒に1、2を器に盛り付ける。

奈良漬
クリームチーズ
黒胡椒

バリエーション

黒胡椒の奈良漬クリームチーズとアボカドの肉巻き

濃厚な奈良漬クリームチーズ 黒胡椒は、アボカドとよく合います。
食べた瞬間、口いっぱいにほくほく、クリーミーな味わいがひろがり、
また食べたくなるひと皿です。

［材料］2人分（一口サイズ7個分）

豚ロース肉（薄切り）… 14枚（約120g）
アボカド … 1/2個
奈良漬クリームチーズ 黒胡椒 … 小さじ1
だし醤油 … 大さじ1
みりん … 大さじ1
オリーブオイル … 大さじ1

［作り方］

1 アボカドは皮をむき、果肉を約1.5cm角の賽の目に切る。

2 豚肉1枚をひろげ、その上に1と、奈良漬クリームチーズ 黒胡椒小さじ1/7量をのせて、端から巻く。角度を90度変えて、豚肉をもう1枚巻き付ける。これを7個作る。

3 フライパンにオリーブオイルをひいて熱し、2の巻き終わりを下にして並べ、焼く。巻き終わりの部分がくっつけば、だし醤油とみりんを入れ、全体に火が通るまで転がしながら焼く。

4 皿に盛り、お好みで奈良漬クリームチーズをのせる。

京のあっさり漬
白菜

ラブレ糠漬
白菜

漬物　発酵漬物

あっさり漬白菜とラブレ糠漬白菜の豚肉常夜鍋

あっさり漬と糠漬の絶妙なハーモニー。ほっとあたたまる優しい味わいのお鍋です。
おだしの風味と一緒にお楽しみください。

[材料] 2人分

京のあっさり漬 白菜 … 1/6 袋
ラブレ糠漬 白菜 … 1/6 袋
豚ロース肉（薄切り）… 100g
九条ねぎ（または青ねぎ）… 1 本
ミニトマト … 2 個
だし汁 … 300ml
薄口醤油 … 大さじ 1

[作り方]

1 京のあっさり漬 白菜は約 2cm 幅に、ラブレ糠漬 白菜はせん切りにする。九条ねぎは斜め切りに、ミニトマトはへたを取って半分に切る。

2 鍋にたっぷりの湯を沸かし、豚肉をさっと湯通しする。

3 別の鍋にだし汁、薄口醤油を入れる。白菜 2 種とミニトマトを入れ、蓋をして火にかけ 2 分煮る。

4 蓋を取って 2 と九条ねぎを入れ、ねぎに火が通るまで煮る。

乳酸菌ラブレ
ディップソース
へしこソース

バリエーション

ホタテのへしこソース炒め

へしこの旨味と塩味、醤油とねぎの香りがつまった「へしこソース」は、ぜひ海鮮と合わせて。ご飯のおともや炒め物にもよく合います。

[材料] 2人分

ホタテ … 200g
アスパラ … 5本
パプリカ … 1個
へしこソース … 1瓶
酒 … 大さじ1
塩 … 適量
ごま油 … 大さじ1
かいわれ大根（飾り用）… 適宜

[作り方]

1 アスパラは根元を落とし、皮の硬いところはピーラーでむき、約3cmの長さに切る。

2 パプリカはへたと種を取り、一口大に四角く切る。

3 フライパンにごま油をひいて熱し、ホタテ、1、2と酒、塩を入れてさっと炒めた後、炒め煮にする。

4 火を止め、へしこソースを入れて混ぜる。

5 皿に盛り付け、かいわれ大根を添える。

※火加減は中火から強火で調理することがポイントです。

しば漬

串にささずに盛り付けても。

発酵漬物

しば漬クリームチーズの焼き鳥

ジューシーな塩焼き鳥としば漬のさわやかな酸味を加えたクリームチーズは相性抜群。
外はカリッと、中はジュワーっと。フライパンで焼く時に、鶏肉の脂でおいしく仕上がります。
お酒と一緒に楽しみたい一品です。

[材料] 1本分

鶏もも肉 … 一口大2切
白ねぎ … 約9cm
しば漬 … 大さじ1½
クリームチーズ … 大さじ2
酒 … 小さじ1
塩 … 適量
胡椒 … 適量
サラダ油 … 小さじ1
大葉（飾り用）… 1枚

[下準備]

・鶏肉は調理の約15分前から室温に戻しておく。

[作り方]

1 鶏肉、白ねぎは一口大に切り、両面に塩、胡椒をふる。

2 しば漬は粗みじん切りにし、クリームチーズと混ぜる。

3 フライパンにサラダ油をひいて熱し、酒、鶏肉を入れて焼く。鶏肉に焼き色がつき始めたら、白ねぎも加えて焼く。

4 串に鶏肉と白ねぎを交互に刺す。

5 4に2をのせ、大葉を添えて器に盛り付ける。

すぐき

乳酸菌ラブレ
ディップソース
ぬか床タルタル

発酵漬物　バリエーション

すぐき入り鶏のから揚げ

衣に細かく刻んだすぐきを混ぜ込んだ唐揚げは、
ふんわりやわらかい食感とすぐきの香りがやさしい逸品。
古漬胡瓜とぬか床を隠し味にしたタルタルソースとともに
召し上がっていただくのがおすすめです。

[材料] 2人分

鶏もも肉 … 200 g
三度豆 … 2本
すぐき … 12 g
卵 … 1個
酒 … 大さじ1
薄口醤油 … 大さじ1
片栗粉 … 適量
塩 … 少量
揚げ油 … 適量
ぬか床タルタル … 適量

[下準備]

・鶏肉は調理の約15分前から室温に戻しておく。

[作り方]

1 すぐきはみじん切りにし、三度豆はへたを落とす。

2 鶏肉は10等分し、すぐき、薄口醤油、酒を揉み込んで、冷蔵庫で10分寝かせる。

3 卵を溶き、片栗粉を混ぜて2にからめ、160℃の油で揚げる。

4 こんがり揚がれば、一度取り出し、箸で何か所か穴をあけ、180℃の油であと1分間揚げる。

5 三度豆は素揚げし、塩をふる。

6 4と5を器に盛り付け、ぬか床タルタルを添える。

乳酸菌ラブレ
ディップソース
味噌マヨマヨ

バリエーション

チキンの味噌マヨマヨ焼き

鶏肉を味噌マヨマヨに漬け込んで焼くだけの簡単レシピ。
漬け込むことで、お肉がやわらかくなりジューシーな仕上がりに。
味噌マヨマヨの風味が食欲をそそり、ついついご飯がすすみます。

[材料] 2人分

鶏もも肉 … 270g（1枚）
味噌マヨマヨ … 1/2瓶
白ごま … 適量
酒 … 小さじ1
サラダ油 … 小さじ1
付け合わせの野菜 … 適量

[下準備]

・鶏肉は調理の約15分前から室温に戻しておく。

[作り方]

1 鶏肉は一口大に切る。

2 食品保存用袋に1と味噌マヨマヨ、酒を入れて揉み、約10分間漬け込む。

3 フライパンにサラダ油をひいて熱し、2を皮目から焼く。焼き色がついたら裏返して両面を焼く。

4 鶏肉の中心まで火が通ったら火を止め、付け合わせの野菜とともに器に盛り付けて白ごまをふる。

乳酸菌ラブレ
ドレッシング
にんじん

バリエーション

にんじんドレッシングのチキンソテー

にんじんの旨味たっぷりのドレッシングで作る絶品チキンソテー。
忙しい時にもすぐ作れる簡単料理です。

[材料] 1人分

鶏もも肉 … 270g（1枚）
コーン（缶詰）… 大さじ2
コーン（缶詰）の汁 … 小さじ1
ミニトマト … 1個
乳酸菌ドレッシング にんじん … 大さじ1
バター … 10g
塩 … 適量
ブラックペッパー … 適量
オリーブオイル … 大さじ2
イタリアンパセリ（飾り用）… 適宜

[下準備]

・鶏肉は調理の約15分前から室温に戻しておく。

[作り方]

1 鶏肉は両面に塩、ブラックペッパーをまんべんにふり、約10分置く。ミニトマトはへたを取り、2～3等分に切る。

2 フライパンにオリーブオイルとバター半分を入れて熱し、鶏肉を皮目からじっくりと弱火で焼く。焼き色がついたら裏返し、残りのバターを入れ、中心に火が通るまで焼く。この時、フライパンを斜めにし、フライパンの中の熱い油をスプーンですくって鶏肉にかけながら火を入れていく。焼きあがったら、フライパンから取り出し、皿に盛る。

3 鶏肉から出た脂の残った2のフライパンにドレッシングを入れ、少し煮詰めてソースを作る。ソースができれば、コーンとコーン缶の汁を入れてソースとからませ、火を止める。最後にミニトマトを入れ、余熱で火を通す。

4 鶏肉の上に、コーン、ミニトマトを盛り付けて3のソースをかけ、イタリアンパセリを添える。

西利が
すすめる

食卓の一品 その1

［ごはんのお供］

ちりめん山椒、ふりかけ昆布、
きのこと昆布

［西京焼］

金目鯛、甘鯛、銀鱈、鰆、鰤、
鮭（トラウトサーモン）、鶏

3

ご飯と麺、パン

RICE, NOODLES & BREAD

千枚漬

かんながけ
赤かぶら

京のあっさり漬
四葉胡瓜

みぶ菜きざみ

漬物

お漬物のモザイク寿司

色とりどりの華やかな漬物寿司はお客様を迎える一品にも。
お好みの漬物でお試しください。

筍山椒　ゆかりむらさき　さくらの花漬　ラブレ しょうが

［材料］お重一段分（縦 15 ×横 15 ×高さ 4.5cm）

酢飯
- 米 … 2 ½ 合
- すし酢 … 適量

千枚漬 … 1 枚
かんながけ赤かぶら … 1 枚
京のあっさり漬 四葉胡瓜 … 1 本
スモークサーモン … 4 枚

だし巻き卵
- 卵 … 4 個
- だし汁と薄口醤油（大さじ 1/2） … 100ml

みぶ菜きざみ … 大さじ 2
筍山椒 … 大さじ 2
ゆかりむらさき … 大さじ 1

トッピング … すべて適量
- 千枚漬の昆布
- 筍山椒の山椒
- ラブレ しょうが
- さくらの花漬
- レモン
- いくら
- かいわれ大根
- 白ごま

［下準備］

・米は洗い、分量通りの水加減で炊く。
・ラブレ しょうがはみじん切りにする。
・さくらの花漬は 5 分間水につけ、塩抜きをする。途中で 2、3 回水を変える。
・レモンは薄くスライスし、扇形に切る。

［作り方］

1 （だし巻き卵を作る。）ボウルに卵 4 個を割りほぐし、泡立てないように混ぜ、だし汁、薄口醤油を加えてさらに混ぜる。この卵液で、卵焼き器でだし巻き卵を作る。

2 ご飯とすし酢を混ぜ合わせて酢飯を作り、お重に詰める。

3 2 に、ナイフで 3cm の格子状に線を引き、正方形が縦横 5 列並ぶようにする。（お湯でナイフを濡らしながらすると、線を引きやすい。）

4 京のあっさり漬 四葉《すうよう》胡瓜、だし巻き卵は厚さを千枚漬に揃えて切る。

5 4 と、千枚漬、かんながけ赤かぶら、スモークサーモンを 3cm 四方に切る。

6 5 とみぶ菜きざみ、ゆかりむらさき、筍山椒の筍を 3 で印をつけた格子に合わせてのせる。

7 トッピングの具材を 6 の上にのせる。

千枚漬

かんながけ
赤かぶら

京のあっさり漬
茄子

京のあっさり漬
四葉胡瓜

京のあっさり漬
キャベツ

漬物

お漬物の手毬ずし

味も彩りも華やかなお漬物の手毬ずし。
一口サイズのさっぱりとしたお寿司が簡単に作れます。
おもてなしにぴったりのメニューです。

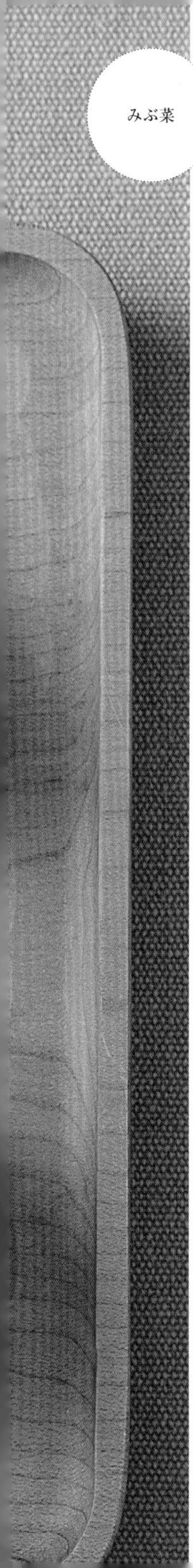

みぶ菜

みぶ菜きざみ

さくらの花漬

[材料] 1人分

酢飯
- ご飯 … 茶碗1杯分
- すし酢 … 適量
- 白ごま … 適量

A
- 京のあっさり漬 キャベツ … 1枚
- いくら … 少量

B
- かんながけ赤かぶら … 1/3枚
- みぶ菜 … 1本
- かいわれ大根 … 少量

C
- 千枚漬 … 1/3枚
- さくらの花漬 … 1輪

D
- 京のあっさり漬 茄子 … 適量
- みぶ菜きざみ … 少量

E
- 京のあっさり漬 四葉胡瓜
（縦に薄くスライスしたもの）… 1/5本
- 生ハム … 1枚
- ミニトマト（輪切り） 1/4個

[下準備]

・さくらの花漬は5分間水につけ、塩抜きをする。途中で2、3回水を変える。

[作り方]

1 ご飯にすし酢、白ごまを混ぜ合わせて酢飯を作る。一口サイズ分をラップに取って包み、丸くととのえる。これを5つ作る。

2 Aは、1を京のあっさり漬 キャベツで包み、いくらをのせる。

Bは、1をかんながけ赤かぶらで巻く。みぶ菜で結び、かいわれ大根を添える。

Cは、1を千枚漬で巻き、さくらの花漬をのせる。

Dは、1の上に京のあっさり漬 茄子をのせ、その上にみぶ菜きざみをのせる。

Eは、1を生ハムと京のあっさり漬 四葉《すうよう》胡瓜で巻き、ミニトマトをのせる。

味すぐき　山里の香り　ゆかりむらさき

漬物　発酵漬物

一口おむすび三色団子

風味豊かなお漬物の混ぜご飯は、子どもたちも大好き。
彩りも鮮やかで、まるで三色団子のようです。

［材料］1人分

ご飯 … 一口サイズのおむすび3つ分
味すぐき … 適量
山里の香り … 適量
ゆかりむらさき … 適量
大葉（飾り用）… 1枚

［作り方］

1　一口サイズ分のご飯と味すぐきを混ぜ、ラップに取って丸くととのえる。

2　同様にして、ご飯と山里の香りを混ぜ、ラップに取って丸くととのえる。

3　同様にして、ご飯とゆかりむらさきを混ぜ、ラップに取って丸くととのえる。

4　皿に大葉を敷いて、おむすびを盛り付ける。

乳酸菌ラブレ
ディップソース
なすのそぼろ

バリエーション

なすのそぼろ ガパオライス風

忙しい時でも大丈夫！ 簡単におしゃれなカフェメニューが作れます。
梅肉の酸味と醤油の香りの風味豊かな和風ガパオライスのできあがり。

[材料] 1人分

ご飯 … 茶碗1杯分
鶏ひき肉 … 170g
パプリカ … 1個
なすのそぼろ … 1瓶
卵 … 1個
酒 … 大さじ1
ごま油 … 大さじ1
サラダ油 … 小さじ1
バジル（飾り用）… 適宜

[作り方]

1. パプリカはへたと種を取り、約1cm角の賽の目に切る。
2. フライパンにごま油をひいて熱し、鶏肉と酒を入れてほぐしながら炒める。鶏肉に火が通ったら、パプリカを加えてさっと炒める。
3. 火を止めてなすのそぼろを加え、全体に味をからめる。
4. 別のフライパンにサラダ油をひいて熱し、目玉焼きを作る。
5. ご飯を皿に盛り、その上に3と4をのせ、バジルを飾る。

京のあっさり漬
日野菜

漬物

日野菜と鶏のピラフ風

炊飯器におまかせで簡単に！
京のあっさり漬 日野菜は野菜本来の旨味と、さっぱりとした食感が楽しめます。
独特の味わいは、ピラフのアクセントにぴったり。

［材料］米２合分

米 … ２合
京のあっさり漬 日野菜 … １本
鶏もも肉 … 330g
玉ねぎ … 1/4 個
マッシュルーム … ２個
バター … 20g
ブイヨン（固形のもの）… １個
酒 … 大さじ１
醤油 … 大さじ１
塩 … 適量
オリーブオイル … 適量

［作り方］

1 米は洗い、２合の水加減をして炊飯器で炊く準備をする。

2 玉ねぎはみじん切りにする。

3 フライパンにオリーブオイルをひいて熱し、玉ねぎと少量の塩を入れ、玉ねぎが黄色くなるまで炒める。

4 鶏肉は一口大に切り、マッシュルームは石突きを取り、薄くスライスする。京のあっさり漬 日野菜のかぶの部分は薄く斜めに切り、葉の部分はみじん切りにする。

5 ３のフライパンに４の鶏肉と酒を加え、鶏肉に火が通ったら、マッシュルーム、醤油、バター半分を加えて、マッシュルームがしんなりするまで炒める。

6 １に５と残りのバター、ブイヨン、少量の塩を入れて、ご飯を炊く。

7 炊き上がれば、日野菜のかぶを加えて混ぜ、器に盛り付けて、日野菜の葉を散らす。

味すぐき

発酵漬物

すぐき炒飯

お子さまも大好き！ 西利の味すぐき。
醤油味の炒飯にすぐきの酸味と香りが絶妙にマッチします。

［材料］2人分

ご飯 … 茶碗2杯分
味すぐき … 大さじ3
豚ひき肉 … 100g
卵 … 1個
玉ねぎ … 1/2個
だし醤油 … 大さじ3
塩 … 適量
胡椒 … 適量
サラダ油 … 適量

［作り方］

1 炊き立てのご飯にサラダ油（小さじ1）を加えて混ぜ、粗熱をとっておく。

2 玉ねぎはみじん切りにする。

3 卵は溶いておく。

4 フライパンにサラダ油をひいて熱し、玉ねぎ、豚肉と少量の塩を入れて炒める。火が通ったら、いったんフライパンから取り出す。

5 フライパンにもう一度サラダ油をひいて熱し、十分に油がなじめば、溶きほぐした3の卵を入れて半熟状にし、1を加える。

6 玉杓子でご飯をほぐしながらおさえるように炒め、4と味すぐきを入れて混ぜ合わせ、だし醤油を鍋肌から回し入れて香りをつける。塩、胡椒でお好みの味に調味する。

7 火を止めて皿に盛り、お好みで味すぐきを添える。

※火加減は中火から強火で調理することがポイントです。

乳酸菌ラブレ
ディップソース
タプナード

バリエーション

トマトときのこのタプナードパスタ

入れる食材はその日の気分で！
ブラックオリーブとニンニクの旨味、バルサミコ酢の酸味が効いたタプナードで
簡単に風味豊かなパスタが作れます。

[材料] 2人分

スパゲティーニ（乾麺）… 200g
マッシュルーム … 8個
ミニトマト … 8個
玉ねぎ … 1/2個
ブラックオリーブ … 適量
タプナード … 1瓶
塩 … 適量
オリーブオイル … 適量
バジル（飾り用）… 適宜

[作り方]

1 鍋にたっぷりの湯を沸かし、水の1％の量の塩を入れ、スパゲティーニを茹でる。

2 玉ねぎ、ブラックオリーブは薄くスライスする。マッシュルームも石突きを取り、薄くスライスする。ミニトマトはへたを取り、半分に切る。

3 フライパンにオリーブオイルをひいて熱し、玉ねぎと少量の塩を入れて、玉ねぎが黄色くなるまで炒める。

4 3にマッシュルーム、ミニトマトを加えて炒める。

5 スパゲティーニは茹で時間の1分前に取り出し、4に入れる。茹で汁も玉杓子に1杯分入れて、中火から強火で一気にソースとからめる。

6 火を止めてタプナードとブラックオリーブを加えて余熱で和え、塩で調味する。

7 皿に盛り付け、バジルを添える。

漬物

お好みあんかけ麺

「お漬物を炊くなんて！」 そんな疑問は、すぐに吹き飛びます。
熱を加えた漬物の絶妙な食感とやさしい旨味の効いたおだしが楽しめます。

[材料] 2人分

揚げ麺 … 2玉
お好み漬 … 1/2袋
豚こま切れ肉 … 100g
中華スープ … 200ml
水溶き片栗粉 … 大さじ1

[作り方]

1 鍋に湯を沸かし、中華スープの素を入れて中華スープをつくる。沸騰したら豚肉を入れて火を通す。

2 片栗粉と水を1:2で溶いて1に加え、とろみがついたら火を止める。

3 お好み漬を2に入れて混ぜる。

4 器に揚げ麺を盛り付け、3をかける。

千枚漬

京のあっさり漬
キャベツ

みぶ菜

新みょうが

漬物

漬物サンドイッチ（千枚漬とあっさりキャベツ）

お漬物を使ったサンドイッチは、調味料いらず。
千枚漬とハムを合わせたやさしく上品な味わいや、
おだしの効いたキャベツとサーモンの相性も抜群です。

[材料] 2人分

千枚漬 … 2枚
京のあっさり漬 キャベツ … 6枚
食パン（サンドイッチ用）… 2枚
全粒粉食パン（サンドイッチ用）… 2枚
ロースハム … 2枚
スモークサーモン … 4枚
オリーブオイル … 適量
みぶ菜 … 適量
新みょうが … 適量

[作り方]

1 食パン4枚は耳を落とし、片面にオリーブオイルを塗る。

2 2枚のパンで千枚漬、ロースハムをはさむ。あとの2枚のパンも同様に、京のあっさり漬 キャベツ、スモークサーモンをはさむ。

3 2を包丁で好みの大きさにスライスし、器に盛る。

4 みぶ菜は適度な長さに切り、新みょうがと一緒に付け合わせに添える。

ゆかりむらさき

漬物

ゆかりむらさきと卵のサンドイッチ

刻んだきゅうりの食感と赤しその風味が楽しめるゆかりむらさきは、
たまごサラダによく合います。
定番のたまごサンドが上品な味わいに早変わり。

[材料] 2つ分

食パン … 2枚
ゆかりむらさき … 大さじ2
たまごサラダ
- 卵 … 1個
- 玉ねぎ … 1/10個
- マヨネーズ … 大さじ1½
- 酢（または白ワインビネガー）… 小さじ1/2
- マスタード … 小さじ1
- 塩 … 適量
- 胡椒 … 適量

ミニトマト（飾り用）… 1/2個
パセリ（飾り用）… 適量

[作り方]

1. 茹で卵を作り、白身と黄身に分けてそれぞれ細かく潰す。
2. 玉ねぎはみじん切りにし、水にさらして、しっかり水気を切る。
3. ボウルに1、2とたまごサラダの調味料を入れ、すべて混ぜ合わせる。
4. 食パンは包丁で耳を落とし、4等分する。
5. 4の上に、3とゆかりむらさきをのせてはさむ。
6. 皿に盛り付け、ミニトマトとパセリを添える。

山里の香り

漬物

山里タルタルのチーズバゲット

山里の香りは、山ごぼう、きゅうりなど山あいの里の香りがたっぷりの醤油漬け。
タルタルソースと和えると、食感も風味もひと味変わった絶品ソースのできあがり。
1 枚のバゲットにはチーズをのせました。お好みのチーズでお召し上がりください。

[材料] 1人分

バゲット（スライス）… 2枚
山里の香り … 大さじ1
タルタルソース（市販品）… 30g
とろけるチーズ（スライスタイプ）… 1/2枚
ミニトマト（飾り用）… 適宜
ベビーリーフ（飾り用）… 適宜

[作り方]

1 ボウルにタルタルソースと山里の香りを入れ、しっかり和える。

2 バゲットに1をのせる。

3 2の1枚の上にとろけるチーズをのせ、チーズが溶けるまでオーブントースターで焼く。

4 2と3を皿に盛り付け、ミニトマトとベビーリーフを添える。

西利が
すすめる

食卓の一品 その2

[乳酸発酵ラブレ ドレッシングシリーズ]

たまねぎ、にんじん、きゅうり、
ゆずこしょう

[乳酸発酵ラブレスープ premium シリーズ]

えだまめの乳酸発酵ポタージュ
はくさいの乳酸発酵中華薬膳スープ
かぶらの乳酸発酵ポタージュ
とまとの乳酸発酵ミネストローネ
たまねぎの乳酸発酵スープ
かぼちゃの乳酸発酵ポタージュ
とうもろこしの乳酸発酵ポタージュ

4

スイーツ

SWEETS

バリエーション

AMACO ラッシー

ラブレ乳酸菌で発酵させた「乳酸発酵甘麹 AMACO」を酸味のあるヨーグルトと合わせてまろやかなラッシーに。乳酸菌たっぷりのさっぱりとした口当たりは、夏にぴったりです。

[材料] 1人分

AMACO … 1本
ヨーグルト … 80g
牛乳 … 50ml
ミントの葉（飾り用）… 適宜

[作り方]

1 AMACOを冷凍庫から取り出し、半解凍にする。

2 1をボウルに入れ、ヨーグルト、牛乳を加えて混ぜる。グラスに入れてミントの葉を添える。

乳酸発酵甘麹
AMACO

バリエーション

AMACO シャーベット

お米の甘味がギュッとつまったAMACOは、
そのまま食べてもおいしいシャーベットに。
お好みのフルーツと一緒にお楽しみください。

[材料] 2人分

AMACO … 2本
いちご … 2個
ミントの葉（飾り用）… 適宜

[作り方]

1 AMACOを冷凍庫から取り出し、少しやわらかくする。

2 いちごは賽の目に切る。

3 ボウルに1と2を入れて混ぜ、器に盛ってミントの葉を添える。

乳酸発酵甘麹
AMACO

バリエーション

AMACO レアチーズケーキ ベリー添え

AMACO をそのまま使って簡単スイーツが作れます。
砂糖、ヨーグルト、生クリームを使わない、ヘルシーなレアチーズケーキもそのひとつ。
甘ずっぱいブルーベリーやいちごと一緒に食べるのもおすすめです。

[材料] 3 人分

AMACO … 2 本
クリームチーズ … 130g
板ゼラチン … 約5g
白ワイン … 大さじ 1
いちごソース（市販品）… 適量
いちご … 2 個
ブルーベリー … 9 個
ミントの葉 … 適量

[下準備]

・板ゼラチンを水でふやかしておく。

[作り方]

1 クリームチーズは電子レンジでやわらかくなるまで温める。

2 白ワインは湯煎にかけて温め、水気を切った板ゼラチンを入れて溶かし、よく混ぜる。

3 フードプロセッサー（またはミキサー）に 1、2 と AMACO を入れ、なめらかになるまで攪拌する。

4 カップに 3 を入れて、固まるまで冷蔵庫で冷やす。

5 いちごは賽の目に切り、ブルーベリーは適宜半分に切る。

6 4 が固まれば冷蔵庫から取り出し、いちごソースと 5 をのせ、ミントの葉を添える。

※ケーキ型でも作れます。

西利が
すすめる

スイーツ

AMACO SWEETS パウンドケーキ、
AMACO SWEETS パウンドケーキ
丹波黒豆

AMACO SWEETS チョコレート
ホワイト・ラズベリー・アソート

5

日本の食卓と乳酸菌のおはなし

About Japanese Dining Table And Lactic Acid Bacteria

漬物と日本人の健康

伏木 亨（龍谷大学農学部教授）

世界の中の日本食

日本食が健康食として欧米で人気を集めています。ところが日本では反対に食が欧米化しているうえ、国を挙げての「減塩時代」。日本の代表的な伝統食品である漬物が、健康とは相容れない食品のように扱われてしまっているのは残念なことです。

1977年に米国の上院議員ジョージ・マクガバンが、「アメリカ人にとっての食事のゴール」として栄養学の関係者を総動員して調査したレポートを出しました。科学的な根拠のある食の指針、「マクガバン・レポート*」です。これには脂肪摂取を抑える、精製された糖や塩分を控える、食物繊維を摂るなど、現代の食の基本がほとんど出ています。そしてその内容は日本やアジア地域の食にとても近い。特に70年代の日本は、ごはんを真ん中に置いて味噌汁と漬物、うま味のきいた野菜の煮物という理想的とも言える食事をしていました。副食として世界中のいろいろな食品を取り入れるようになっても、真ん中にごはんがあるため総カロリーが低く、「日本食」の形を守ってこられたのです。

欧米化する子どもの食べ方

ところがこのところ子どもの間で、それがくずれてきています。まずごはんとおかずを交互に食べることができず、一皿ずつ食べて、残ったごはんをふりかけで食べる。また、パン好きな日本人が増えました。東京大学の佐々木敏先生が、主食をごはんとパンにしたときの副食の違いを調査したところ、ごはんの副食には不飽和脂肪酸や鉄、タンパク質、カロテン、食物繊維、ビタミンCが多く含まれ、パンの副食には飽和脂肪酸が多いことがわかりました。もちろん漬物を食べるにはパンではなくごはんが必要です。

極端な減塩は食を欧米化させる？

漬物や味噌汁の塩味は、世界の理想食とされる日本型の食生活に非常に重要です。前述のように、和食はごはんをおいしく食べることが基本。それにはごはんを引き立てる「ある程度の塩分」が必要なのです。塩分の摂りすぎはいけませんが、漬物や佃煮がなくなるとごはんのおいしさが引き立たないため、おかず食いが増えて食事が欧米化してくる。つまり極端に塩分を制限するとごはんが消えて、マクガバン・レポートの「よくない食事」に近付いてしまうのです。

私は日本人のお米の摂取量が減っていることに強い危機感を感じます。ひと昔前の半分になっている。それもお米だけでなく、ごはんのまわりにある漬物、味噌、醤油、みりんといった、和のテイストを支えてきたものが全部右肩下がりです。このまま行くと日本の食の伝統はごっそり消えてしまいそうです。食料自給率が低いのもお米を食べないからではないでしょうか。

日本の味が好きになる年齢

日本人はかつおや昆布のだしがいつ好きになるのかを妊娠マウスの実験で調べたところ、「離乳前後を含む期間にかつおだしを経験したグループだけが、かつおだしの匂いを好きになる」という結果が得られました。人間で言うと小学校低学年くらいまでがこの離乳期に当たると私は考えています。児童期の食教育が大切です。

漬物には発酵過程で出る独特の強い匂いがありますが、これも幼いうちに経験すれば好きになるということです。いま私たちは、日本の健康的な食事を子どもたちに伝えていかなければなりません。日本の食事をもう一度見直し、次世代に伝えていくことが、健康的な大人に育てるための最善の道であろうと私は思っています。

＊ マクガバン・レポート
医療費増大による国家財政圧迫が深刻だったアメリカで、7 年の歳月と数千万ドルの国費を投じて行われた食と健康に関する世界最大規模の調査。1977 年に発表されたレポートは 5 千ページに及び、人類への警告として全世界へ発信された。現在も世界各国で健康維持を目的とするさまざまな場面でその指針が活用されている。

伏木 亨（ふしき とおる）
1953 年京都府舞鶴市生まれ。京都大学農学部、同大学院を経て 1994 年より京都大学農学研究科食品生物科学専攻教授から京都大学名誉教授、現在は龍谷大学農学部教授。専門は食品・栄養科学で、現在は油脂やだしのおいしさのメカニズムや客観的評価手法などを研究。日本栄養・食糧学会評議員、日本香辛料研究会会長、日本料理アカデミー理事。第 13 回安藤百福賞、2009 年日本栄養・食糧学会賞受賞。2012 年日本農芸化学会賞受賞、2013 年飯島食品科学賞受賞、2014 年紫綬褒章受章。『味覚と嗜好のサイエンス』（丸善）、『人間は脳で食べている』（筑摩書房）など著書多数、滋賀県大津市在住。

乳酸菌と暮らす Q&A

Q　最近、よく耳にする「腸活」「菌活」って何のこと？

腸内細菌をととのえて、健康な腸にすることです。

腸は、私たちの体内にある十二指腸から肛門まで続く器官のひとつで、その長さは日本人の大人の平均的な数値で約７～９メートル、表面積はテニスコート約１面分（約200平方メートル）、ここにおよそ1000種類、100兆個ほどの細菌が棲んでいるといわれています。これだけの大きな器官ですので、酸素の有無や酸性の度合いなどの環境がその部位によって異なるため、それぞれの細菌が種類ごとにまとまり、快適な場所に棲んでいます。

腸内細菌には、大きく分けて、体に有益な働きをする善玉菌、有害な働きをする悪玉菌、そして日和見《ひよりみ》菌と呼ばれる３つのタイプがあります。

善玉菌として広く知られているものには乳酸菌、ビフィズス菌、酵母《こうぼ》菌、麹《こうじ》菌などがあります。善玉菌と悪玉菌は私たちの腸内で共存していますが、私たちの健康にとってよい共存のスタイルは、常に善玉菌を優勢に保つことです。

健康な人の腸内細菌の割合は、善玉菌が20%、悪玉菌が10%、残り70%が日和見菌と言われています。日和見菌には、言葉の通り優勢なほうにつく性質があります。そのため、善玉菌が増えることで日和見菌を味方につけることができ、腸内環境がととのいます。反対に悪玉菌が増えると、増えた悪玉菌の数以上に日和見菌によって腸内は悪い方向に大きく傾くのです。

悪玉菌が優勢となると、どうなるのでしょうか。悪玉菌の出す有害物質によって、便秘や下痢などおなかの調子が悪くなったり、免疫力が低下して病気にかかりやすくなったりするのです。

それでは、腸内が善玉菌だけになるのが最善であるかといえば、決してそうではありません。あくまで「共存」することが大切なのです。最近の研究では、実は善玉菌が時として有害な働きをしたり、悪玉菌が体によい働きをすることもわかってきました。腸内には、バランスよく、さまざまな種類の細菌が棲んでいることが健康への第一歩といえます。

Q　乳酸菌って何ですか？

炭水化物などの糖を分解して乳酸を作り出す（＝発酵する）細菌で、私たちが食べた物を吸収する際に腸内で発酵をおこし、腸内の環境を良好に保つ善玉菌のひとつです。

「糖類を分解して乳酸を作り出す」、とはいったいどういうことでしょうか。たとえば、牛乳に乳酸菌を加えれば、牛乳に含まれる乳糖を分解して乳酸を作り、これがヨーグルトとなります。すなわち牛乳を乳酸発酵させるとヨーグルトになる、ということです。そして、ヨーグルトとひとくちに言っても、その種類はさまざまです。その多様さは、乳酸発酵をさせる乳酸菌の種類によるものです。

乳酸菌には非常に多くの種類があり、その形により「ラクトバチルス属菌」などの棒状の桿《かん》菌と「ラクトコッカス属菌」などの球状の球菌に分類されます。

乳酸菌はそれぞれに働きが異なるので、自分にとって最適な乳酸菌を見つけることも重要です。

また、乳酸菌には「動物由来」「植物由来」といわれるものがあります。動物由来というのは、乳を好むとされるもので、ヨーグルトやチーズに含まれます。植物由来というのは、漬物、味噌、醤油に含まれているものです。

それぞれの特徴は「動物由来」の乳酸菌は、栄養が豊富な環境で育つ菌であり、「植物由来」のものは栄養が少なく、塩分の多い過酷な環境でも育つことが多いです。過酷な環境で生き延びるために、「植物由来」の菌は多くの遺伝子を持ち、さまざまな機能を持っているようです。つまり、高い対応力を発揮すると考えられます。

Q　乳酸菌にはどんな働きがあるの？
より効果的な食べかたは？

乳酸菌には私たちの腸内環境をととのえ、体を健康にする働きがあります。

1. 腸内環境のバランス改善

「プロバイオティクス」、「プレバイオティクス」という言葉をご存じでしょうか。

まず「プロバイオティクス」とは、生きたまま腸に届き、よい働きをする微生物のこと。そして「プレバイオティクス」とは、腸内の善玉菌の栄養源となるもののことです。プレバイオティクスの代表的なものにはオリゴ糖と食物繊維があります。プロバイオティクスとプレバイオティクスをセットで摂取することを「シンバイオティクス」といい、それぞれを単独で摂るよりも高い効果が期待できます。

たとえば、食物繊維です。野菜には食物繊維が多く含まれており、乳酸菌と食物繊維を多く含む漬物は、これらを合わせて摂る有効な食品です。

2. 体の免疫力アップ

私たちのリンパ球にあるＮＫ細胞（ナチュラルキラー細胞）は、体のすみずみまで目を光らせ、ウイルス等の外敵を排除するなどの「ＮＫ活性」という能力を持っています。私たちの体にウイルスや細菌による感染が起こったとき、体はインターフェロン（病原体など有害な異物の侵入に対して細胞が分泌するたんぱく質のこと）を産生して、抵抗性の細胞に変えます。つまり、ＮＫ活性やインターフェロンの産生は、免疫力にとって大切な役割を担っているのです。

乳酸菌の働きで免疫機能の維持ができる機能性表示食品も、ここ数年で販売されています。

3. 美肌効果

腸内環境が悪い状態では便秘になりやすく、腸内にアンモニアなどの腐敗物質が多く産出され、それが血液によって全身に運ばれてしまうことで皮膚にも悪い影響が出ます。乳酸菌を摂ることで腸内環境がととのい、便通がよい状態では、肌もよい状態が保たれます。

乳酸菌は生きている状態のほうが腸内環境の改善により効果的であると思われていますが、死んでしまった菌でも生きている菌と同じような効果があることがわかってきました。生菌、死菌を問わず、まずは毎日摂取することが大切です。

また、腸内の乳酸菌を増やすには食べて摂取することが効果的ですが、外から入った乳酸菌は腸に棲みつかずに排出されてしまいます。これは、外から侵入した細菌は追い出す、という私たちの体に備わっている免疫機能によるもので、この機能によって私たちは自分の体を守っていますが、たとえ善玉菌であっても同じように排除されてしまうのです。

そのため、腸内環境をととのえるには乳酸菌などのプロバイオティクス食品を定期的に摂り続けることが大切です。外から摂取した乳酸菌は、腸にとどまっている間、善玉菌の動きを活性化し、乳酸などの酸を産生し、善玉菌が優勢になるのを助けてくれます。

健康は一日にしてならず。毎日の積み重ねが大切であることを心にとめて、食生活を見直してみましょう。

京漬物にみる、
ニッポンの食文化の変遷

監修 上田 純一（京都府立大学名誉教授）

宮中の高級食品

漬物の歴史は、海水で食品を塩漬け保存したことに始まるといわれていますが、初めて文献に登場したのは奈良時代のことです。

平安時代になると種類も大幅に増え、当時の宮中の儀式や年中行事を記した『延喜式《えんぎしき》』（905～927）では、儀式の宴に使われた春と秋の漬物として約50種類が挙げられています。

当時の漬物の素材は瓜やなす、青菜、かぶ、大豆のほか、わらび、せりなどの山菜や野草、また、桃や柿、梨などの果物もありました。当時の漬け方は塩漬を中心に、ひしお漬（醤油の原型）、かす漬（酒粕）などで、珍しいものでは、ニレの樹皮を粉にしたものを塩漬に加えた、「菹《にらき》」もあり、実にバリエーション豊かでした。

その頃の漬物は、貴重な高級食品であり、天皇や貴族など一部の人しか食べることができませんでした。

禅宗の伝来と精進料理

菜食を促す「不殺生の戒め（生き物を殺してはいけないという教え）」は、日本に伝わった仏教全般に通じる教えで、菜食の文化は仏教とほぼ同時期に伝来しました。ただ、当初の精進料理は清少納言も『枕草子』で酷評するほど、「粗末でまずい料理」だったようです。

やがて、13世紀に禅宗と一緒に植物油や小麦粉を使った中国禅宗の調理法が伝わると、料理の質や種類、味わいが格段に進化しました。

日本における精進料理の発展に寄与したのが、中国で禅を学んだ曹洞宗の開祖道元（1200～1253）です。禅とはそもそも「自分の心を整え、物

事の真実の姿を見極めていく姿勢」を重視します。そのため、日常の行いのすべてが修行とみなされました。なかでも道元は、料理や食事を含む食の重要性に気づき、「食《じき》とは、すなわち仏道」と説いたのです。

それまで、当時の日本仏教は食をほとんど重視していませんでした。道元は中国に渡った際に、食事が修行の根本になることを知り、帰国後すぐに、食の大切さを伝えた日本初の論書『典座教訓《てんぞきょうくん》』と『赴粥飯法《ふしゅくはんぽう》』を著しました。

『典座教訓』の「典座」は、修行僧の食事を司る要職の名前で、その典座が行うべき責務を説いたものです。たとえば、食材という恵みや命に感謝し、野菜の根っこまで余すことなく調理をする、整理整頓を心がけて道具を大切にする、手順をおろそかにせず食べる人の立場に立って調理するなど、現代人の食事作法や美徳にもつながる内容を体系的にまとめました。

一方、『赴粥飯法』には食事をいただく修行僧の心得が記されています。精進とは「一生懸命に心を尽くす」という意味。精進料理は、心をこめた料理の結晶でもあったのです。

そして、禅宗は今（現世）を生きること（修行）に重きをおいたため、まずは健康に暮らすための体づくりが必要となり、食に対する世の価値観を根本から変えました。そして、野菜や大豆、海藻などをバランスよく用いながら、栄養価に優れた食事を生み出したのです。

懐石料理と香の物

禅僧の修行道場で保存食として欠かせないものであった漬物が、現代の食卓に欠かせない存在になっていく過程のひとつに、千利休が大成した茶の湯の影響があります。禅宗に深く帰依していた利休は、精進料理に着想を得て茶事のための「懐石料理」を発案しました。当時の茶会記に献立が記されているのですが、その最後には「香の物（漬物）」がふるまわれています。この懐石料理が、後の宴会料理である「会席料理」や、一汁三菜に代表される日常の食事の成立に大きな影響を与え、漬物も欠かせない存在となっていったのです。

精進料理も懐石料理も食事の最後に飯碗に湯を注ぎ、残った米粒を香の物でぬぐってうつわを返す習慣があります。食器を洗う手間を省く、最後のひと粒までお米を大事にいただく、亭主への感謝を表すなど、さまざまな意味がありますが、私はこれを「食事を完結させる」ために必要なささやかな儀式だと感じています。たかが副食、されど副食。漬物が担う役割は非常に大きいのです。

庶民へのひろがりと京漬物

江戸時代になると、漬物が広く庶民に食されるようになりました。天下泰平の時代を迎え、庶民の生活が豊かになることで、次第に野菜や調味料の種類も増え、関西では「香の物屋」が繁盛しました。

また、漬物の専門書や指南書も多数発行されました。専門書のなかでも有名なのは、江戸の漬物問屋の主人が天保７年（1836）に著した『四季《しき》漬物塩《つけものしお》嘉《か》言《げん》』で、64種類のレシピが載っています。この頃、ほぼ現在と同じ漬物が作られるようになりました。

ぬか漬やたくあん漬が誕生したのもこの時代で、ぬか漬は漬け床が再利用できるため、漬物の普及に大きな役割を果たしました。

小田原屋主人著『四季漬物塩嘉言』（部分）

京の市中にもたくさんの香の物屋が誕生しました。古い文献でもその人気ぶりが確認できます。とくに上賀茂産の「すぐき漬」は、専門店が生まれるほどでした。

政治や商業の中心は江戸でしたが、すぐき漬や壬生産の水菜漬は、京漬物として江戸でも高い名声を誇っていたようです。

そして幕末には、「千枚漬」が誕生します。真っ白なかぶらの色や上品な味わいは、京ものの洗練を伝える最たるもの。今なお、冬の風物詩として高い人気を誇っています。

保存技術や素材も十分でない環境で、先人たちは知恵と工夫の限りを凝らして野菜や木の実、果物、土地によっては魚や肉の漬物までをも発展させてきました。生き延びるためとはいえ、先人たちはとても自由な発想の持ち主だったと思います。最近では先入観に縛られないさまざまな漬物が増えていますが、じつは古くに存在していた漬物であることも少なくありません。そう思うと、現代の京漬物もまだまだ発展の余地があり、その歴史はこれからも未来へとつながってゆくことは間違いないでしょう。

上田 純一（うえだ じゅんいち）

日本史学者、京都府立大学名誉教授、文学博士。2021 年３月まで同大学文学部和食文化学科において教鞭を執る。専門は、中世禅宗史、日中文化交流史。近年の共編著に『京料理の文化史』（思文閣出版）、論文に「修験道と和食」（『和食文化研究』創刊準備号）などがある。

西利のあゆみ

漬物新時代

西利の創業者である平井太朗は滋賀の農家に生まれました。次男であった太朗は家業を継ぐことができず、高等小学校卒業と同時に老舗の西利漬物店に丁稚奉公に出ます。厳しい修業の後、35歳でのれん分けを認められて、昭和15年（1940）に「京つけもの西利」を創業しました。

その後創業者の長男・平井義久（現会長）が経営に参画するようになり、様々な改革を起こし、これまでの卸中心から小売中心へと業務内容を転換することになりました。

昭和30年代になると、西利は業界で初めて売場に冷蔵ケースを採用したり、刻んだ漬物を小分けにして袋詰めするパッケージングにも成功するなど、様々な新しいことに取り組んできました。それまで野菜一本丸ごと販売していた漬物のイメージをくつがえし、京漬物は観光旅行客の土産物や贈答品へと発展を遂げることになったのです。

また、昭和50年（1975）ごろよりはじまった減塩運動が全国に波及するなか、西利は低塩度の「京のあっさり漬」を同60年に発売しました。現代人のライフスタイルにあった漬物として、その後の「浅漬ブーム」の火付け役となり、京漬物の新しいジャンルを開拓しました。

食べる人の健康のためだけではありません。地球のための取り組みもあります。それまで京漬物は木の化粧樽に収まっているのが常道でしたが、西利は平成3年（1991）から木樽に代わる新素材として再生紙を利用したパッケージを展開しました。地球に還ってゆくエコケースとしての実用性や持続可能性を伴ったデザインは先進的な取り組みで、現在まで続いています。

また西利では直営農場である「㈱京つけもの西利ファーム」をはじめ、京都を中心とした全国契約農家で採れた国内産の安全な野菜のみを使用し、原料野菜からの一貫した管理・栽培を行っています。さらに、あじわいの郷工場では、平成14年（2002）に「エコ京都21循環型社会形成部門」に認定されるなど、野菜残渣を堆肥化する循環型農業を実践しています。

「漬物」本来の役割を示す「健康漬物乳酸菌ラブレ」

平成５年（1993）、京都三大漬物のひとつ「すぐき」の中から植物性乳酸菌の「ラブレ乳酸菌」が発見されました。西利は「ラブレ乳酸菌」で漬け込んだ「健康漬物乳酸菌ラブレシリーズ」を発売、ラブレシリーズの摂取試験実施など新しい取り組みにもチャレンジしました。

「塩かげん」

京つけもの西利は、「旬　おいしく、やさしく。」を求める社業を通じて「３つの心（おもいやる心、きめこまかな心、わかちあう心）」を育むことを最も大切なこととしています。そのあゆみは、関わる人、モノとともに調和成長し社会に貢献できる、なくてはならない会社の境地「塩かげん」を目指した結果です。

漬物のこれから

平成25年（2013）、和食がユネスコ無形文化遺産いわゆる世界遺産に登録され、和食の基本形とされる「飯・汁・菜・香の物（漬物）」の組み合わせをはじめ、日本人の食文化が世界に認められることになりました。漬物はその和食になくてはならないものとして、国内外からますますの注目を集めています。

それを契機に和食や漬物が持つ健康食としての魅力を伝えたいという思いで、我々が企業として何ができるかを考え、食生活のスタイル提案が必要だということに至りました。企業として複数の柱を作り、すべてに共通するものとして「発酵」を据え、今後は発酵をキーワードにさまざまな角度から食を提案し、食卓に健康と笑顔をお届けする総合食品メーカーを目指していきたいと思います。

西利の食材別レシピ一覧

直営店MAPと店舗のご案内

各店舗の営業日、営業時間などは変更になることがありますので、
詳しくはHPなどでご確認ください。

A　本店
洛中・西本願寺前
Tel. 075-361-8181
営業時間 9：00 ～ 18：00　無休

B　祇園店
京都の礎・四条祇園町南側
Tel. 075-541-8181
営業時間 10：30 ～ 19：00　無休

C　清水店
洛東・清水寺門前
Tel. 075-533-8181
営業時間 9：00 ～ 18：00　無休

D　清水産寧坂店
洛東・清水産寧坂青龍苑
Tel. 075-525-8181
営業時間 9：00 ～ 18：00　無休

E　嵐山 昇龍苑店
洛西・嵯峨天龍寺門前
Tel. 075-873-8181
営業時間 10：00 ～ 17：00　無休

F　錦店
京の台所・錦市場西入口
Tel. 075-251-8181
営業時間 9：00 ～ 18：00　無休

G　京（みやこ）店
京都駅西口2階南北自由通路（南側）
Tel. 075-341-8181
営業時間 8：30 ～ 21：00　無休

H　京小町北館店
京都駅中央改札口1階
「おみやげ小路 京小町 北館」内
Tel. 075-353-8110
営業時間 8：30 ～ 20：00　無休

I　ポルタ店
京都駅前地下街
Tel. 075-343-2685
営業時間 10：00 ～ 20：30　無休

J　近鉄京都駅店
京都・近鉄京都駅構内
Tel. 075-671-8183
営業時間 9：00 ～ 21：00　無休

K　MOMO テラス店
京都・伏見桃山 MOMO テラス
Tel. 075-601-8088
営業時間 10：00 ～ 21：00　無休

L　酵房西利 京（みやこ）店
京都駅西口2階南北自由通路（南側）
Tel. 075-344-0008
営業時間 8：30 ～ 21：00　無休

M　酵房西利髙島屋京都店
髙島屋京都店地下1階
Tel. 075-221-8811（代表）
営業時間と定休日は、髙島屋京都店にお問合わせください。

N　AMACO CAFE
立誠ガーデンヒューリック京都1階
Tel. 075-746-3123
営業時間 10：00 ～ 23：00（L.O.22：00）　無休

京都市街

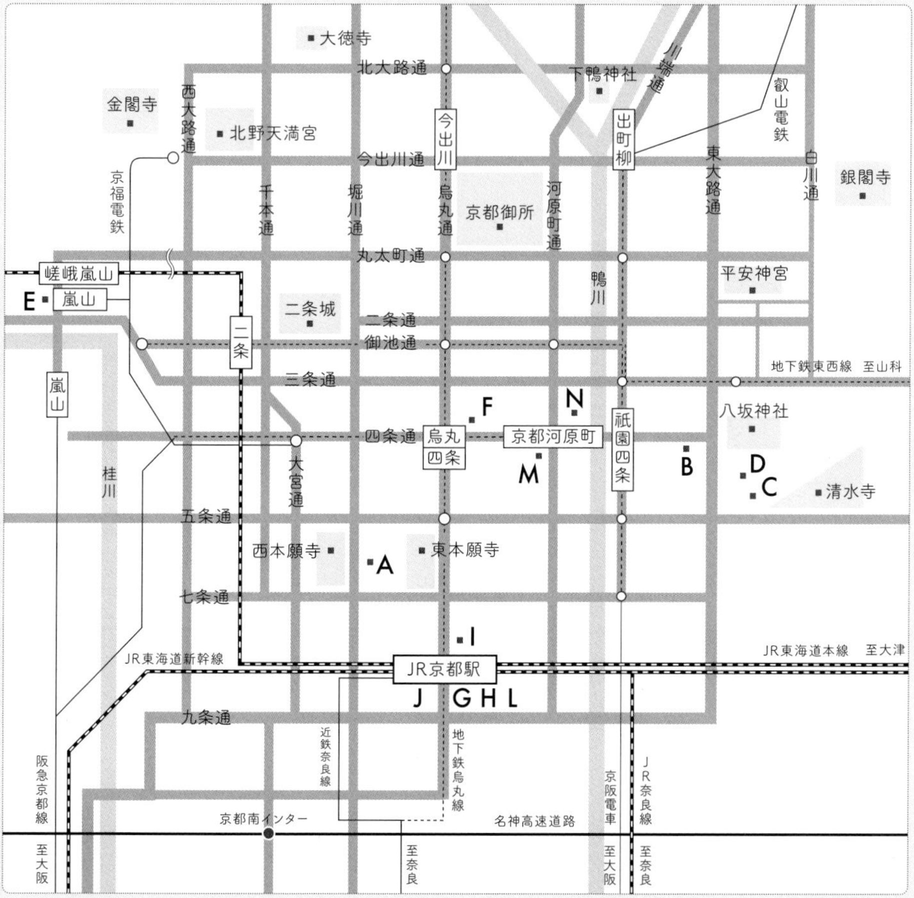

商品のお求め

直営店、全国の百貨店など取り扱い店のほか、オンラインショップからもお買い求めいただけます。
詳しくはホームページをご覧ください。
https://www.nishiri.co.jp/shop/

六地蔵駅周辺

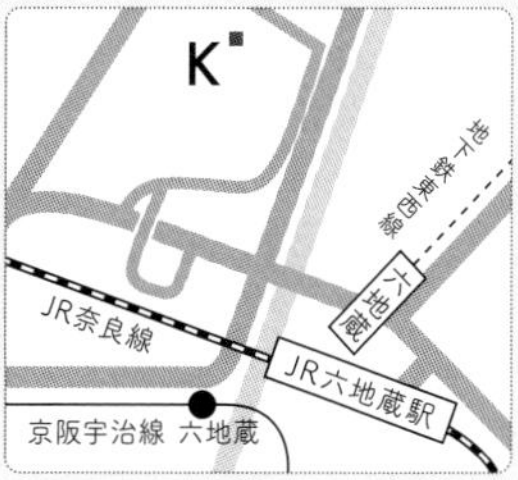

本店のご案内

〒600-8581 京都市下京区堀川通七条上ル
西本願寺前
フリーダイヤル 0120-2-81812
Tel. 075-361-8181
（お電話の受付は 17：30 まで）
営業時間 9：00 ～ 18：00
年中無休
https://www.nishiri.co.jp/

西本願寺前にある本店2階では、お一人様からお申込みいただける、旬の京漬物とワインやお茶を無料でお楽しみいただける「京漬物パーティー」を開催しています。

＊京漬物パーティー
年中無休（午前9時から午後5時のご入店）
3日前までに要予約

京漬物「味わい処」のご案内

旬の京漬物のおいしさをより味わっていただくために、祇園店、嵐山 昇龍苑店では、お食事処を設け、京漬物の召し上がり方のご提案を行っています。

＊祇園店
〒605-0074 京都市東山区祇園町南側 578
Tel. 075-541-8181
営業時間 10:30 ～ 19:00（L.O.18:00）
年中無休

＊嵐山 昇龍苑店
〒616-8385 京都市右京区嵯峨天龍寺
芒の馬場町 40-8 昇龍苑内
Tel. 075-873-8181
営業時間 10:00 ～ 17:00
年中無休

AMACO CAFEのご案内

“発酵”をちょっとお洒落に楽しめるカフェ＆バー。西利のラブレ乳酸菌ブランド「AMACO」と「発酵生活」の商品やそれらを使ったデリ、スイーツを扱い、販売も行っています。

〒604-8023 京都市中京区蛸薬師通河原町東入備前島町 310-2 立誠ガーデンヒューリック京都1階
Tel. 075-746-3123
営業時間 10:00 ～ 23:00（L.O.22:00）
年中無休

あとがき

たくさんの本の中で、この本を手にとっていただき感謝申し上げます。以前より私たちが永年にわたる発酵の研究で得た知見を、如何に現代生活の中に生かすことができるのか、ということをテーマとして商品開発に取り組んで参りました。

漬物に興味がなくても健康や野菜、また発酵に注目されている方が多くいらっしゃいます。

弊社の商品を、それぞれのライフスタイルに合わせてご活用いただいたり、その日の気分でセレクトしていただいたり。「メインを和食にスイーツは洋風に」といった具合にメニューの中に和洋を織り交ぜていただくなど、自由な発想で楽しんでいただきたいという想いから、食べ方のご提案として今回のレシピ本発行へ至りました。

是非ご参考にしていただければ幸いに存じます。

最後になりましたが素敵な本をつくってくださった淡交社のみなさまに心より御礼申し上げます。

京つけもの 西 利　代表取締役社長　平井 誠一

フードスタイリスト
京つけもの 西 利　営業販売促進部　松浦 茉南

料理撮影　二村 海（二村写真事務所）〈32、34、44、56、78、80 頁を除く〉
装幀　瀧澤 弘樹

京つけもの
西利のおいしいレシピ

令和 3 年 4 月 14 日　初版発行

著　者　京つけもの 西 利
発行者　納屋嘉人
発行所　株式会社 淡交社
本　社　〒603-8588 京都市北区堀川通鞍馬口上ル
営業　(075) 432-5151
編集　(075) 432-5161
支　社　〒162-0061 東京都新宿区市谷柳町 39-1
営業　(03) 5269-7941
編集　(03) 5269-1691
www.tankosha.co.jp
印刷・製本　亜細亜印刷株式会社

ISBN978-4-473-04462-4